LA CRESCITA DELL'E-COMMERCE

Un'analisi Economica della Crescita del Commercio Elettronico in Italia e nel Mondo dai primi anni del 2000 ad oggi.

Ettore Passafiume

Avviso di esclusione di responsabilità:

Si prega di notare che le informazioni contenute in questo documento sono solo a scopo educativo e di intrattenimento. È stato fatto tutto il possibile per presentare informazioni accurate, aggiornate, affidabili e complete. Nessuna garanzia di alcun tipo è dichiarata o implicita. I lettori riconoscono che l'autore non si impegna a fornire consulenza legale, finanziaria, medica o professionale. Il contenuto di questo libro è stato derivato da varie fonti. Si prega di consultare un professionista autorizzato prima di provare qualsiasi tecnica descritta in questo libro.

Leggendo questo documento, il lettore accetta che in nessun caso l'autore è responsabile per eventuali perdite, dirette o indirette, che sono sostenute a seguito dell'uso delle informazioni contenute in questo documento, inclusi, ma non limitati a, errori, omissioni o imprecisioni.

Sommario

Introduzione

Un nuovo modo di fare business al giorno d'oggi è rappresentato dall'e-commerce, che consiste nello svolgimento di attività commerciali e di transazioni tramite l'utilizzo del web.

Negli ultimi anni il commercio elettronico si è espanso notevolmente e in un certo senso ha ridefinito gli scambi commerciali, velocizzando ogni processo di compravendita e favorendo lo sviluppo di tantissime nuove attività.

Questo ha portato a dei cambiamenti anche nelle esperienze d'acquisto dei consumatori, i quali adesso sono più esigenti e tendono sempre più spesso a confrontarsi con altri utenti prima di effettuare un ordine online.

Gli acquirenti online sono agevolati nel processo decisionale grazie agli algoritmi e sistemi di raccomandazione dei siti web e-commerce che mostrano determinati prodotti a utenti potenzialmente interessati ad acquistarli.

In Italia, negli ultimi anni, si registrata una rapida crescita del commercio elettronico e in molti paesi del mondo, si sta rivelando un fattore strategico e di vitale importanza per la competitività delle imprese sia nei mercati nazionali che internazionali.

Proprio nel panorama internazionale una delle multinazionali più importanti in ambito e-commerce è Amazon.com, società che offre servizi di vendita al dettaglio online, servizi informatici, elettronica di consumo, contenuti digitali e altri servizi locali e generi alimentari.

Negli anni questa multinazionale è cresciuta esponenzialmente e adesso si ritrova a competere al livello internazionale con altre grandi società tra cui Alibaba, eBay e PayPal le quali hanno visto negli ultimi anni un'ottima crescita di fatturato grazie anche alla diffusione della modalità di pagamento tramite mobile.

CAPITOLO 1. L'E-COMMERCE: STORIA ED EVOLUZIONE DI UN MERCATO

1.1 Il commercio elettronico: alcune definizioni

Il significato del termine commercio elettronico viene definito dal Ministero dello sviluppo Economico come:*"Lo svolgimento di attività commerciali e di transazioni per via elettronica e comprende diverse attività quali: la commercializzazione di beni e servizi, la distribuzione online di contenuti digitali, l'effettuazione di operazioni finanziarie e di borsa, gli appalti pubblici e altre procedure di tipo transattivo della pubblica amministrazione"*

Il commercio elettronico comprende diversi tipi di attività legate agli acquisti e alle vendite online di beni e servizi. Ad esempio, il glossario americano definisce l'e-commerce (CE) come *"lo scambio di comunicazioni commerciali e transazioni su reti e attraverso i computer"*.

Come definito in modo più restrittivo consiste nel trasferimento di fondi attraverso comunicazioni digitali.

"Tuttavia il CE include anche tutte le funzioni interaziendali e intra aziendali (come il marketing, la finanza, la produzione, la vendita e la negoziazione) che favoriscono il commercio e utilizzano la posta elettronica, EDI, il trasferimento file, fax e videoconferenze". (Goy, Ardissono & Petrone 2007 pp. 1)

"Il commercio elettronico include anche la compravendita via web, il trasferimento elettronico di fondi, smart card, contanti digitali (ad es. Mondex) e tutti gli altri modi di fare affari su reti digitali". (Goy, Ardissono & Petrone 2007 pp. 1)

Inizialmente, il commercio elettronico si concentrava principalmente sulle vendite di beni; uttavia, adesso si è esteso per affrontare tutti gli aspetti dell'interazione aziendale e ciò ha portato alla presenza sul mercato di una vasta gamma di servizi utili a livello individuale e a livello aziendale.

In base alla tipologia del bene trattato e della modalità di vendita, occorre distinguere tra e-commerce diretto ed e-commerce indiretto.

"Si parla di commercio elettronico diretto quando la cessione e la consegna dei beni e dei servizi si realizza attraverso canali telematici". Dunque non necessita di un supporto fisico per essere trasferito all'acquirente, ad esempio nel caso di download diretto dell'utente dal sito di e-commerce". (Ghislandi 2012 pp. 139)

"Si parla invece di commercio elettronico indiretto quando la transazione avviene con mezzi telematici, ma la consegna del bene avviene attraverso i tipici canali di distribuzione". (Ghislandi 2012 pp.139)

Il commercio elettronico indiretto rappresenta la forma di commercio che più si avvicina a quella tradizionale, dal momento che il bene viene spedito all'acquirente attraverso i canali tradizionali, ossia con vettore o spedizioniere. (Ghislandi R. 2012)

Molto spesso si tende a identificare l'e-commerce solamente come business to consumer (B2C) rivolto semplicemente ai consumatori, ma più precisamente esistono quattro principali aree di interesse:

- Il commercio elettronico Business to Business (B2B) riguarda la gestione degli affari e le interazioni tra imprese.

- Il commercio elettronico Business to Consumer (B2C) si occupa delle interazioni tra impresa e clienti finali.

- Il commercio elettronico Consumer to Business (C2B) consiste nell'acquisizione di prodotti da privati che poi le aziende utilizzeranno nell'ambito della propria attività professionale. Es. Ebay

- Il commercio elettronico Consumer to Consumer (C2C) comprende tutte le transazioni tra privati, attraverso un sito che fa servizio di mediazione ma non interviene nella fase di transazione. Es. subito.it (Vietri e Cappellotto 2015).

Uno degli aspetti più interessanti che ha determinato il crescente successo dell'e-commerce è il fatto che la distanza geografica e del fuso orario non sono più importanti; infatti, le persone possono essere collegate tra loro in qualsiasi momento e attraverso molteplici canali di interazione, come e-mail, siti web, call center e simili.

A livello aziendale (B2B), le interazioni commerciali sono notevolmente facilitate grazie al collegamento continuo ed efficiente tra i partner.

Ad esempio, la possibilità di effettuare ordini, monitorarne l'esecuzione e la gestione automatizzata della catena di approvvigionamento supporta una gestione efficiente delle interazioni commerciali con i fornitori;

Inoltre, sono notevolmente ridotti i costi di produzione e consegna.

A livello individuale (B2C), i clienti possono acquistare beni e servizi ovunque nel mondo e in qualsiasi momento. Ad esempio, milioni di clienti usano marketplace online come Ebay per pubblicare prodotti e effettuare ordini, oppure utilizzano cataloghi elettronici del rivenditore online Amazon.com per l'acquisto di beni e servizi.

"Il commercio elettronico si sta affermando come un canale necessario per le imprese nell'espansione del proprio business, aumentando altresì le potenzialità di scelta dei consumatori." (Marinello & Cavataio 2016 pp. 1) E' possibile fare una distinzione fra tre modelli di vendita relativi all'e-commerce: e-commerce tradizionale, dropshipping e marketplace.

L'e-commerce tradizionale è possibile considerarlo come se fosse un negozio tradizionale in cui si acquistano i beni da rivendere quindi i prodotti saranno caricati all'interno del sito e-commerce occupandosi della logistica.

Questo modello di business può esporre a maggiori rischi rispetto agli altri, perché occorrerà acquistare la merce e si potrebbe essere esposti al rischio di avere della merce invenduta.

Però, d'altro canto, l'aspetto positivo riguarda i margini di guadagno, che con un magazzino ben rodato possono essere abbastanza elevati.

Nel caso del dropshipping la situazione è molto simile alla precedente, ma senza la necessità di fare un investimento iniziale per l'acquisto della merce.

Nel dropshipping si è intermediari tra il fornitore e il cliente finale, poiché l'e-commerce conterrà i prodotti presenti fisicamente nel magazzino del fornitore, che si occuperà a sua volta di spedire la merce, successivamente l'utente finale effettuerà un ordine sul sito che verrà girato al fornitore trattenendo una percentuale di guadagno.

Il pagamento sarà effettuato dall'utente all'intermediario e da esso direttamente al fornitore prima della spedizione dell'ordine.

Questo business può essere vantaggioso perché non richiede un investimento iniziale per acquistare la merce, ma necessita di ingenti investimenti nell'attività di marketing e nella ricerca di prodotti giusti dal fornitore.

Ma a volte può risultare anche svantaggioso perché potrebbe fornire dei margini di profitto minori rispetto a un e-commerce con magazzino tradizionale, quindi sarà necessario assicurarsi un numero di vendite considerevoli.

Il marketplace invece è un'unica piattaforma con un alto traffico di utenza, dove diversi venditori espongono in vetrina i loro prodotti, mettendosi in competizione e tentando di offrire il miglior prezzo e le condizioni migliori agli acquirenti.

Come esempi di questo modello di business è possibile citare Amazon ed eBay. (Migliorati L., Falappa E. 2017)

1.2 La storia dell'e-commerce dalla nascita fino ai giorni nostri

Volgendo lo sguardo alla storia dell'e-commerce dagli albori, la prima idea di commercio elettronico è nata negli anni Ottanta tramite l'Electronic Data Interchange (EDI), un sistema d'interscambio di dati che consentiva il trasferimento di informazioni e documenti commerciali come ordini d'acquisto e fatture in formato elettronico attraverso reti di telecomunicazioni private.

EDI sostituì lo scambio di documenti per posta e fax tramite un veloce trasferimento digitale da un computer all'altro.

Ancora oggi questo metodo è rimasto uno dei cardini del B2B, tanto che grandi catene come l'americana Wal-Mart non accettano fornitori che non rispettino i requisiti EDI previsti dal gruppo.

A quell'epoca ancora si era bel lontani dell'idea di e-commerce cui siamo abituati oggi, ma una connessione molto simile a quella che conosciamo venne creata nel 1990 da Tim Berners-Lee e del suo collega Robert Cailliau che svilupperanno l'idea del web basato su ipertesti tramite strumenti di lettura chiamati browser: URL, HTML e https.

Il primo browser fu Mosaic, nel 1992, seguito da Netscape Navigator e Internet Explorer. (Migliorati L., Falappa E. 2017)

Tra il 1994 e 1995 nacquero negli Stati Uniti i primi due siti dedicati agli acquisti online: eBay e Amazon.

Alla fine degli anni Novanta iniziò una vera e propria corsa al commercio online che ebbe grande slancio anche grazie all'avvento delle connessioni ADSL, la diffusione dell'uso dei computer e successivamente dei dispositivi mobili come tablet e smarthphone.

La fine degli anni Novanta fu un periodo di svolta ed evoluzione del mercato online e grazie a un'accessibilità al Web più sicura e diffusa, si diede avvio alle dot-com.

Questo fenomeno favorì lo sviluppo di nuove tecnologie soprattutto in ambito Web.

Durante questo tempo relativamente breve, l'e-commerce è stato trasformato dalla sua origine come un meccanismo per le vendite al dettaglio online a qualcosa di molto più ampio. (Migliorati L., Falappa E. 2017)

Oggi i siti e-commerce sono diventati piattaforme per nuovi servizi e funzionalità uniche che non si trovano nel mondo fisico.

Proprio per questo non esiste una controparte del mondo fisico su Facebook, Twitter, Google o in un'altra serie di recenti innovazioni online come Pinterest o iTunes.

Internet sta per sostituire la televisione come la più grande piattaforma di intrattenimento e si prevede che molto probabilmente l'e-commerce continuerà a crescere a tassi di due cifre nei prossimi cinque anni, rimanendo la forma di commercio in più rapida crescita.

"Proprio come le automobili, gli aeroplani e l'elettronica hanno definito il ventesimo secolo, il commercio elettronico sta definendo tutti gli affari e la società nel ventunesimo secolo". (Laudon, K. C., & Traver, C. G. (2016)

L'e-commerce e i servizi al dettaglio rimangono vitali e si sono dimostrati più resistenti rispetto ai canali di vendita al dettaglio tradizionali nell'affrontare la recessione economica.

Molte delle società di vendita al dettaglio e di servizi, ad esempio come eBay, Amazon, Priceline e Expedia, sono sopravvissuti alla prima era di e-commerce e hanno evoluto i loro modelli di business, modificando le loro fonti di entrate per renderle redditizie.

La maggiore diffusione di tablet e smartphone ha dato un nuovo balzo all'evoluzione dell'e-commerce con sempre più utenti collegati e nuove modalità di effettuare transazioni commerciali anche da mobile.

"Negli ultimi anni l'uso dei social network ha aperto nuove strade ai rivenditori online e ha creato nuovi strumenti di comunicazione tra clienti e aziende dando avvio ad un nuovo tipo di acquisti sul web direttamente tramite telefono cellulare chiamato mobile-commerce". (Laudon, K. C., & Traver, C. G. 2016).

1.3 L'esperienza d'acquisto online

Il commercio online al giorno d'oggi è un trend in continua crescita a livello globale che ha avuto il suo boom con l'avvento degli smartphone che hanno reso l'accesso a Internet immediato e costante in ogni momento della giornata.

"Questo fenomeno è stato uno stimolo all'ottimizzazione degli strumenti di vendita online, dalle piattaforme e-commerce sempre più ricche di "attenzioni" nei confronti dell'utente alla creazione di strumenti di analisi del comportamento volti al perfezionamento di tutti i processi di vendita". (Migliorati, Falappa 2017)

Come afferma il docente Roberto Ghislandi *"la vendita online non è diversa dalla vendita offline: semplicemente, i negozi si sono spostati in un ambiente nuovo, percorribile secondo logiche ed esperienze differenti".*

Le decisioni di acquisto sul web sono spesso fortemente influenzate dalle persone che il consumatore conosce e di cui si fida. Inoltre, prima di acquistare un prodotto online molti acquirenti tendono ad aspettare le opinioni dei primi utenti per ridurre il rischio di acquisto di un nuovo prodotto.

Infatti una caratteristica molto importante dei siti e-commerce è quella di dare la possibilità ai consumatori di condividere le proprie esperienze personali scrivendo recensioni, valutare le recensioni degli altri e chattare con altri membri.

Le aziende che operano nel settore del commercio elettronico hanno recentemente iniziato ad acquisire dati sui social network per comprendere meglio i gusti e le preferenze dei consumatori per poi indirizzarli verso i propri siti web, con l'obiettivo di sfruttare anche l'influenza sociale nel processo decisionale di acquisto dei clienti.

I più grandi siti di e-commerce offrono milioni di prodotti e scegliere tra tante opzioni può essere sia stimolante ma anche snervante per i consumatori.

Navigazione, ricerca e acquisto di un prodotto su siti web e-commerce sono attività che richiedono tempo e spesso è frustrante per i consumatori che non riescono a trovare immediatamente il prodotto desiderato.

Oltre l'80% degli acquirenti sul Web a un certo punto della ricerca abbandonano i siti di e-commerce senza trovare ciò che vogliono.

Per ovviare a questa problematicità le aziende stanno tentando di supportare il processo decisionale dei loro potenziali clienti introducendo sistemi personalizzati di supporto alle decisioni sul Web attraverso sistemi di raccomandazione.

Questi sistemi di raccomandazione, attraverso algoritmi, forniscono ai consumatori proposte e raccomandazioni personalizzate basate sulla loro cronologia degli acquisti precedenti, sul profilo delle valutazioni passate o sugli interessi personali.

Questi sistemi di raccomandazione sono stati applicati in molti siti Web di e-commerce (ad es. per film, musica e ristoranti) e hanno mostrato ottime prestazioni nel prevedere un elenco di prodotti che un determinato consumatore preferisce.

Tuttavia Sinha e Swearingen hanno scoperto che è molto più probabile che i consumatori credano ai consigli delle persone che conoscono e di cui si fidano, vale a dire amici e familiari, piuttosto che ai sistemi di raccomandazione automatizzati nei siti Web di e-commerce. (Kim, Y. A., & Srivastava 2007, August) (pp. 293-302).

1.4 I fattori chiave di successo nel commercio elettronico

Il settore e-commerce nel corso degli anni si è affermato come un modello di business molto redditizio e pieno di soddisfazioni.

Tuttavia, come in ogni altro tipo di business bisogna fare le giuste valutazioni, relative ai costi e benefici e soprattutto occorre individuare i fattori chiave che hanno determinato il rapido successo di siti come Amazon, Ebay, PayPal, Alibaba e competitors.

Innanzitutto nella progettazione di un sito e-commerce sono di fondamentale importanza gli elementi che permettono di accrescere la partecipazione, l'interazione, il coinvolgimento e il divertimento.

In molti siti web affermati è possibile individuare alcuni fattori comuni come la sicurezza, la fiducia ispirata, l'utilità percepita dal cliente, la soddisfazione nell'acquisto e la facilità d'uso del sito che li hanno portati inevitabilmente alla fidelizzazione dei clienti e di conseguenza al successo nel commercio elettronico.

Ovviamente sarebbe riduttivo attribuire il successo solamente a questi fattori, infatti, occorre anche individuare alcune delle strategie vincenti applicate dalla maggior parte delle aziende che concorrono alla scalata di business online.

Tutte le aziende affermate, che oggi si trovano in un settore così altamente competitivo come quello dell'e-commerce, dopo aver fatto un attenta analisi di mercato, aver definito gli obiettivi e dopo aver scelto la strategia pubblicitaria più appropriata, pongono la massima attenzione sui contenuti.

"Una buona organizzazione dei contenuti e della struttura dell'e-commerce in ottica SEO produrrà sicuramente una migliore indicizzazione organica dei contenuti con conseguente incremento naturale del traffico diretto sul sito web". (Migliorati L., Falappa E. 2017)

Le aziende di successo adottano content strategy efficaci attraverso una buona rappresentazione dei prodotti sia a livello fotografico sia descrittivo, con una comunicazione uniforme su tutti i canali pubblicitari.

Inoltre i siti e-commerce più all'avanguardia forniscono informazioni chiare e semplici sui prodotti e sulle modalità di acquisto all'interno del negozio attraverso guide, FAQ, grafiche informative, video tutorial e blog.

Le grandi aziende cercano di creare esperienze di shopping su misura per i clienti, grazie a strategie multi canale che permettono di adeguarsi ai nuovi consumatori sfruttando i propri punti di forza e sviluppando un ecosistema che non può facilmente essere copiato dalla concorrenza.

In una strategia di questo tipo è di fondamentale importanza adottare lo stesso tipo di comunicazione su tutti i canali in modo che il cliente si senta sempre "dentro allo stesso negozio".

La caratteristica principale di questo approccio multi canale è il perseguimento di una customer experience unica che di conseguenza permetterà anche di accrescere la brand reputation dell'azienda. (Migliorati L., Falappa E. 2017)

1.5 Il commercio elettronico nel contesto europeo

"Le condizioni macroeconomie del contesto europeo, pur presentando profonde disomogeneità e diversità territoriali, si caratterizzano per elevati livelli di disoccupazione, una crescita del Pil piuttosto ridotta e un indebitamento pubblico che ancora pone numerose problematiche in termini di stabilità finanziaria ed economica". (Marinello & Cavataio 2016 pp.2)

In questo scenario economico negativo, tuttavia, occorre registrare il dato positivo sul commercio elettronico, settore che appare in forte espansione e crescita.

A riprova di ciò si registra che il mercato dell'e-commerce europeo è secondo solamente al mercato asiatico trascinato principalmente dagli acquisti della Cina.

Già nel 2011, una ricerca commissionata da Internet Retailer, mostrava come il mercato dell'e-commerce europeo avesse una percentuale di crescita ed espansione superiore rispetto a quello statunitense.

"Il commercio elettronico rappresenta una delle più fiorenti attività economiche che riesce a generare un indotto di circa 2 milioni di lavori creati e la vendita di quasi il 7% del totale dei beni prodotti fino al 2016" (Marinello & Cavataio 2016 pp.2).

Ad oggi l'Europa rappresenta uno dei principali attori del mercato globale dell'e-commerce con una popolazione di circa 800 milioni di persone e un tasso di digitalizzazione in forte espansione.

"La percentuale più elevata dei paesi con una marcata attitudine all'utilizzo dell'e-commerce per la vendita al dettaglio è quella della Gran Bretagna (17%), a seguire la Germania (14%) e la Francia (9%) rispetto ai paesi del Sud Europa, come ad esempio l'Italia dove questo canale di vendita rappresenta ancora il 2% circa delle vendite totali fino al 2016" (Marinello & Cavataio 2016 pp.3).

La tendenza positiva di questo segmento di mercato è testimoniato dai dati pubblicati da Eurostat (2016) e rappresentati in Figura 1, che mostrano come i soggetti che hanno utilizzato Internet per l'acquisto di beni o servizi siano cresciuti di circa il 16% nell'arco temporale che va dal 2007 al 2016.

Figura 1. Soggetti che hanno effettuato acquisti nei precedenti 12 mesi, UE-28 (% di utilizzatori di Internet, anni 2007-2016)

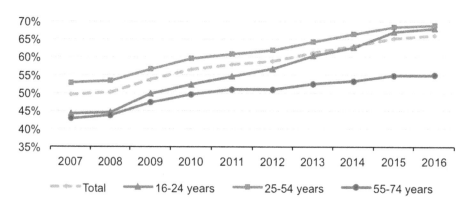

Fonte: Elaborazione su dati Eurostat (2016)

Invece in termini di fatturato generale, considerando sia le vendite online che quelle offline, il mercato tedesco è il più grande in Europa con un valore di circa 560 miliardi di euro nel 2017 seguito da altri mercati importanti come la Francia (circa 469 miliardi di euro), il Regno Unito (circa 464 miliardi di euro) e l'Italia (circa 323 miliardi di euro).

Ma per quanto riguarda i dati di crescita, la crescita maggiore si registra soprattutto nei paesi dell'Europa centrale e orientale rispetto a quelli dell'Europa occidentale.

Nel 2018, il mercato bulgaro ha visto la crescita del fatturato più elevata al 7,7%, seguita dalla Repubblica ceca (7,2%) e dalla Romania (7,1%) e sempre nello stesso anno il marchio di vendita al dettaglio più prezioso in Europa è stato IKEA, con un valore del marchio di circa 24,4 miliardi di euro, seguito da Nestlé (circa 19,4 miliardi di euro) il quale è in cima alla lista delle principali società di beni di consumo in Europa.

Dal punto di vista del fatturato, il principale rivenditore in Europa nel 2018 è stata la società tedesca Schwarz, con 96 miliardi di euro.

Sebbene la maggior parte delle transazioni al dettaglio avvenga ancora offline, la vendita al dettaglio online ha guadagnato sempre più importanza negli ultimi anni.

Nel 2017, le entrate dell'e-commerce in Europa sono state valutate a circa 337 milioni di dollari statunitensi e, secondo una recente previsione del sito statista.com, si prevede che questo aumenterà fortemente nei prossimi cinque anni, a circa 515 milioni di dollari statunitensi.

Ad oggi circa 566 milioni di consumatori acquistano beni online e si prevede che entro il 2023 questo numero dovrebbe aumentare a poco più di 640 milioni. (Retail trade in Europe – Statistics and facts, 2019)

Occorre tuttavia sottolineare come accanto alla crescita costante del commercio elettronico si assiste a un calo delle vendite tradizionali.

"L'impatto globale delle politiche dei policy-maker si scontra spesso con delle forme di mercato oligopolistiche laddove i principali market player tendono ad assorbire quasi per intero la domanda e a effettuare pratiche commerciali scorrette miranti a escludere sul nascere i nuovi entranti".

"Questo fenomeno è confermato dal fatto che le grandi società americane totalizzano una penetrazione del 27% sul mercato europeo, con un tasso di crescita del 25% annuo contro il 14% di quelle europee che viceversa hanno una dimensione media piuttosto ridotta". (Marinello & Cavataio 2016 pp.5)

CAPITOLO 2. IL COMMERCIO ELETTRONICO NEL MONDO: DIVERSI DATI A CONFRONTO E STUDIO DI ALCUNI ATTORI DEL MERCATO

2.1 L'e-commerce: un'analisi dei dati a livello mondiale e italiano

Grazie allo sviluppo digitale in rapida espansione nella regione dell'Asia del Pacifico, non sorprende che il mercato al dettaglio online in più rapida crescita sia l'India, seguito dalla Spagna e dalla Cina. (Worldwide e-commerce share of retail sales 2015-2023, 2019)

Lo sviluppo della vendita al dettaglio digitale in questi paesi è fortemente connesso al costante miglioramento dell'accesso online.

Ma d'altro canto il valore medio degli ordini di acquisto online tramite smartphone e tablet è ancora molto basso rispetto agli ordini online tradizionali tramite desktop eccetto l'Asia.

A partire dal terzo trimestre del 2018, l'Indonesia era il principale mercato digitale in base alla percentuale di popolazione che aveva acquistato qualcosa per telefono nell'ultimo mese seguito da Cina, Tailandia, Corea del Sud e Vietnam.

Secondo i dati del sito statista.com lo shopping online è una delle attività online più popolari in tutto il mondo con vendite globali che hanno raggiunto 3,5 trilioni di dollari nel 2019 e si prevede che le entrate dell'e-retail cresceranno a 6,54 trilioni di dollari nel 2022.

In generale i PC desktop sono ancora il dispositivo più utilizzato per effettuare ordini di acquisto online, ma i dispositivi mobili, in particolare gli smartphone, stanno recuperando terreno. (Worldwide e-commerce share of retail sales 2015-2023, 2019)

L'acquisto di beni e servizi online è diventata una pratica comune tra molte persone in tutto il mondo.

Alcuni scelgono di effettuare acquisti online per comodità, altri a causa del prezzo competitivo offerto da alcune piattaforme di e-commerce.

Inoltre gli acquirenti digitali possono anche essere influenzati da e-mail di brand conosciuti e recensioni di prodotti durante gli acquisti online.

Comunque, a parte i vari motivi per l'acquisto, come testimoniano i dati, il numero di acquirenti digitali è in aumento.

Per le transazioni online PayPal è il metodo di pagamento preferito tra gli acquirenti di tutto il mondo, la tradizionale carta di credito è al secondo posto con un tasso di utilizzo del 31%, seguita dalle carte di debito.

La gamma di dispositivi con connessioni Internet disponibili per gli acquirenti online consente di acquistare prodotti praticamente ovunque da qualsiasi dispositivo.

Si prevede che lo shopping online dovrebbe rimanere molto popolare in futuro soprattutto negli Stati Uniti, poiché il paese è uno dei principali mercati al dettaglio online con proiezioni di crescita per i prossimi anni. (Global number of digital buyers 2014-2021, 2019)

L'e-commerce, in molti paesi del mondo, si sta rivelando un fattore strategico e di vitale importanza per la competitività delle imprese, sia nei mercati nazionali che internazionali.

In Italia invece ancora c'è una parte dei consumatori restii ad acquistare online, infatti da un lato gli italiani si affidano ancora molto al commercio tradizionale, ma dall'altro si registrata una rapida crescita del commercio elettronico con un tasso medio annuo del 18%. (Marchi M., Miola K. 2016)

Adesso l'Italia sta entrando in una fase di maturità e sta avendo maggiore consapevolezza dei vantaggi che può offrire l'e-commerce. (Marchi M., Miola K. 2016) Dal seguente grafico in Figura 2. è possibile notare il fatturato in miliardi di Euro e la variazione percentuale dell'e-commerce in Italia dal 2004 al 2018.

Figura 2. Crescita del fatturato e-commerce in Italia in miliardi di Euro dal 2004 al 2018

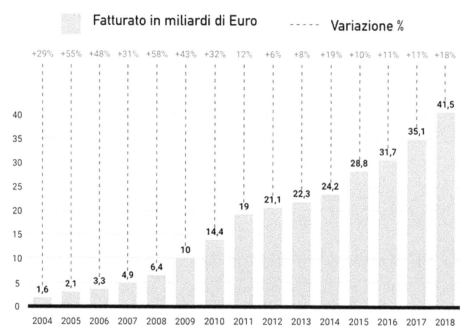

Crescita del fatturato e-commerce in Italia

Fonte: Casaleggio Associati, 2019

Secondo una recente ricerca campionaria condotta da Human Highway per conto di PayPal, nel 2015 al pari del 2016, gli acquirenti online in Italia hanno raggiunto la quota di 18,8 milioni e, tra questi, 12,8 milioni di consumatori effettuano acquisti online almeno una volta al mese.

In questo scenario, i consumatori italiani si confermano sempre più "multi-canale" (sapendo integrare online e offline per le scelte d'acquisto), con un'incidenza degli ordini effettuati da dispositivo mobile sul totale degli acquisti online pari al 21% nel 2016 (rispetto al 14,9% registrato nel 2014).

"Circa 4 milioni di consumatori italiani hanno, dunque, fatto un acquisto nel 2016 tramite un'applicazione mobile a dimostrazione della crescente importanza ricoperta dalle app nei processi d'acquisto". (Marinello, V., & Cavataio, 2016)

2.2 Scelte degli acquirenti in Italia

Attraverso una ricerca condotta dall'ISTAT, nel 2017 permane uno squilibrio nell'uso del web per fare acquisti tra le regioni, e tra tipologie di contesti urbani (aree metropolitane, urbane o extra-urbane).

Si è notato che al Nord, in media il 57% della popolazione fa acquisti online contro il 42% del Sud e il 49% delle isole.

Attraverso il grafico in figura 3 è possibile notare le percentuali delle regioni con la più elevata propensione ad effettuare acquisti tramite e-commerce.

Figura 3. Percentuale delle regioni con la più elevata propensione ad effettuare acquisti tramite e-commerce

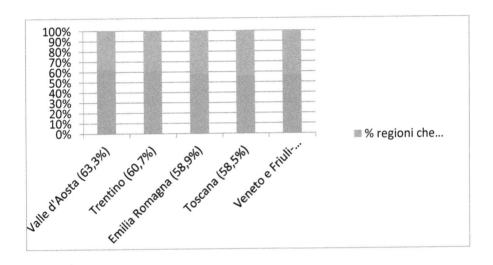

(Giuffrida M., Mangiaracina R., Marvasi E. e Tajoli L. 2018)

Si stima che circa tra il 55% e il 70% della popolazione Internet si informi sui beni e servizi di interesse prima di acquistare. (Ghislandi R. (2012)
Per alcuni tipi di prodotti, come l'elettronica di consumo e la telefonia, i siti di comparazione sono essenziali per orientarsi in una miriade di offerte diverse, per verificare e trovare conferma alle proprie scelte attraverso le recensioni di altri utenti.

Secondo i dati dell'Osservatorio del Politecnico di Milano ben il 63% degli utenti condivide giudizi ed esperienze in rete e l'acquirente medio è per lo più maschio, residente al nord, ha un età media sotto i cinquant'anni, gode di buon reddito e ha un buon livello di istruzione (dati relativi al 2011).

"L'Italia è l'unico paese in cui la vendita di servizi supera quella dei beni fisici forse per problemi legati alla logistica o per l'abitudine tutta italiana di voler toccare con mano prima di acquistare". (Ghislandi R. (2012)

Invece per quanto riguarda i settori che nel corso del 2018 hanno potuto constatare un aumento notevole del fatturato, possiamo sostenere che il primato va alla cosiddetta categoria del "tempo libero". (Ghislandi R. (2012)

Per quanto riguarda il turismo, il booking di soggiorni vacanza e la biglietteria aerea e ferroviaria si confermano in testa alle transazioni (per oltre il 50% del loro valore complessivo).

L'informatica ed elettronica rappresentano circa il 10% dell'online, abbigliamento e articoli sportivi esprimono un 10%, associazioni sono stabili da anni attorno al 9% del mercato online.

Particolarmente attivi i siti di comparazione online come cercassicurazioni.it, chiarezza.it o facile.it.

Audio, Musica ed Editoria vantano quote attorno al 3%.

Altre scelte corrispondono a circa il 20%. (Ghislandi R. (2012)

Prendendo come riferimento l'anno 2014 sono ben 20 milioni gli italiani che almeno una volta nella vita hanno comprato online un bene e servizio, e oltre 16 milioni quelli che hanno effettuato un atto d'acquisto negli ultimi 3 mesi.

Gli e-shopper abituali, che comprano su base mensile, a febbraio 2014 sono diventati 9,4 milioni e sono aumentati di poco meno del 20% nell'ultimo anno.

Gli acquirenti sporadici, che quindi fanno almeno uno o due acquisti nell'arco del trimestre, sono più di 6 milioni: il 3,7% in più rispetto ad aprile 2013.

"Il digitale è diventato una componente fondamentale delle nostre attività – afferma Roberto Liscia Presidente di Netcomm – e il 2014 è sicuramente un anno in cui diversi fattori hanno rafforzato la trasformazione dei comportamenti dei consumatori, il cambiamento dei modelli di business delle imprese e hanno contribuito alla internazionalizzazione dei mercati". (Indagine Net Retail del Politecnico di Milano Netcomm e Human Highway, Q1 2014)

Il mercato italiano, nonostante le sue difficoltà, è oggi considerato dagli osservatori internazionali molto promettente e con grandi possibilità di crescita. (Netcomm e Human Highway, Q1 2014)

Lo dimostrano la crescita del fatturato, l'impennata del numero di acquirenti online, le imprese che stanno abbandonando ogni reticenza e cominciano a pianificare la trasformazione digitale del proprio business.

Per questa ragione, possiamo finalmente parlare di NetRetail, inteso come un'evoluzione dell'e-commerce che abbiamo osservato fino ad oggi e che investe i comportamenti di acquisto ad ampio spettro. Al punto che se gli acquisti online incidono per il 2% sul totale del commercio, in realtà ben il 10% dei 700 miliardi di acquisti retail ha deciso informandosi sul Web. (Indagine Net Retail del Politecnico di Milano Netcomm e Human Highway, Q1 2014)

Dal grafico in Figura 4. è possibile osservare le statistiche delle vendite nette dei più grandi negozi online in Italia nel 2018, i quali includono player internazionali come Amazon, Inc., Zalando SE o Apple, Inc.

Figura 4. I negozi online più popolari in Italia nel 2018, per vendite nette di e-commerce (in milioni di dollari USA)

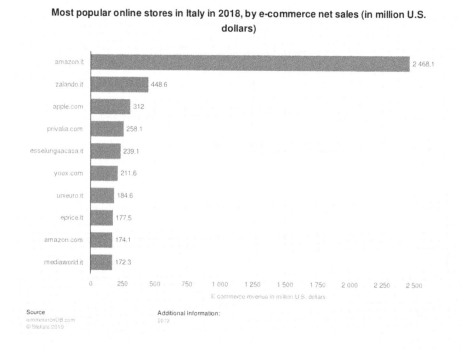

Most popular online stores in Italy in 2018, by e-commerce net sales (in million U.S. dollars)

Fonte: Statista.com

Nell'ambito italiano amazon.it è leader del mercato e-commerce con un fatturato di 2,468,1 milioni di dollari (USD) seguito direttamente da zalando.it con 448,6 milioni di dollari (USD), al terzo posto troviamo apple.com con oltre 312 milioni di dollari (USD).

esselungaacasa.it tra i primi cinque negozi online è l'unico ad essere gestito da un'azienda italiana.

Esselunga fondata nel 1957 a Milano è una delle più grandi catene di negozi al dettaglio nel nord e centro Italia con numerosi supermercati e dal 2018 conta oltre 24.000 dipendenti, 150 punti vendita e genera un fatturato di 8,0 miliardi di euro.

Secondo il Digital Market Outlook, le entrate nel mercato e-commerce italiano B2C ammontano a 13,827,0 milioni di dollari (USD) nel 2018 e il 96% degli acquisti totali di e-commerce in Italia è domestico. (Most popular online stores in Italy in 2018, by e-commerce net sales Published by Gerard Montasell, 2019)

2.3 Analisi di un'esperienza vincente: il caso Amazon

Nel panorama del commercio internazionale, in ambito e-commerce, un caso vincente è rappresentato da Amazon.com, società di e-commerce internazionale che offre servizi di vendita al dettaglio online, servizi informatici, elettronica di consumo, contenuti digitali e altri servizi locali come affari quotidiani e generi alimentari.

Amazon.com è stata fondata come libreria online nel luglio 1995 da Jeff Bezos ed è diventata pubblica a maggio 1997 (Nasdaq: AMZN)

L'indice S&P 500 nel suo punto più alto era 1,84 e terminato a 1,38.

La Figura 5. mostra le variazioni giornaliere del prezzo di chiusura di Amazon.com rispetto all'indice S&P 500

Figura 5. Prezzi di chiusura giornalieri di Amazon.com e l'indice S&P 500

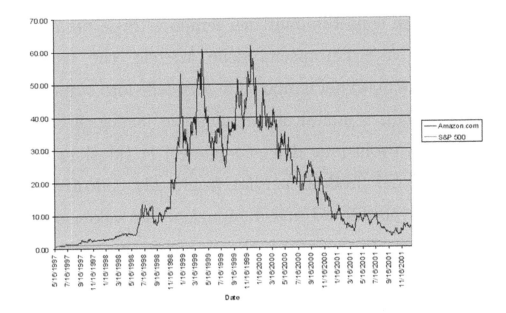

Fonte: Filson, D. (2004). The impact of e-commerce strategies on firm value: lessons from Amazon. com and its early competitors. The Journal of Business.

Le figure 6-7-8 mostrano che nessuno dei primi concorrenti di Amazon.com ha raggiunto il successo in borsa.

BarnesandNoble.com è stato valutato a 1,12 volte il suo prezzo di chiusura iniziale al suo apice.

CDNOW e N2K sono stati valutati a 1,61 e 1,81 volte i loro prezzi di chiusura iniziali ai loro picchi, che si sono verificati nell'aprile 1998.

Le figure 6-7-8 mostrano che i valori di tutte e tre le imprese sono diminuiti nel tempo e tra le possibili cause vi è l'incapacità delle aziende, che hanno sperimentato nel tempo l'efficacia delle loro strategie aziendali, a modificarle rendendole inadeguate alla rapida evoluzione dell'e-commerce; le riduzioni dei prezzi dei prodotti per far fronte alla concorrenza hanno portato ad una diminuzione del valore delle imprese, in quanto i clienti hanno percepito la riduzione del prezzo come conseguenza dell'abbassamento della qualità provocando una riduzione delle vendite.

Come ultima causa è possibile ipotizzare che gli investimenti in centri di assistenza per i clienti offline nelle prime fasi della vita di queste imprese hanno avuto un impatto più positivo sul valore, nel lungo periodo è possibile osservare aumenti marginali decrescenti e questo ha portato ad una diminuzione delle imprese.

La conseguenza è stata la perdita di una fetta importante del mercato dell'e-commerce e il conseguente crollo del valore delle azioni quotate in borsa.

Quindi imprese come BarnesandNoble.com, CDNOW e N2K, negli anni sono state scavalcate dalla concorrenza e soprattutto da Amazon che ha soddisfatto tutta la domanda di mercato. (Filson, Darren 2003)

Figura 6. Prezzi di chiusura giornalieri di BarnesandNoble.com e l'indice S&P 500

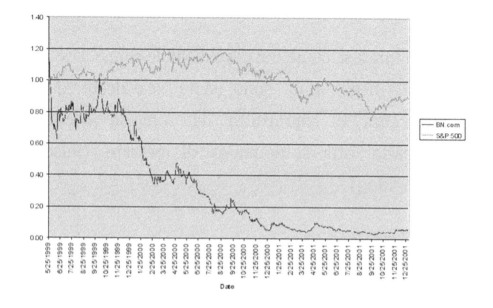

Figura 7. Prezzi di chiusura giornalieri di CDNOW e l'indice S&P 500

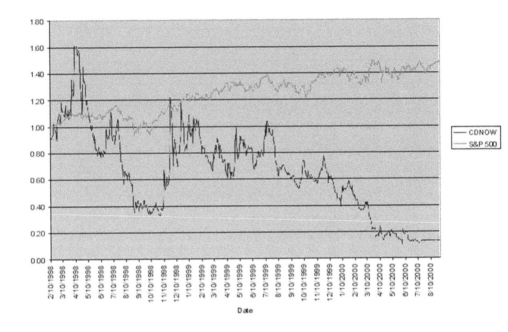

Figura 8. Prezzi di chiusura giornalieri di N2K and the S&P 500 Index

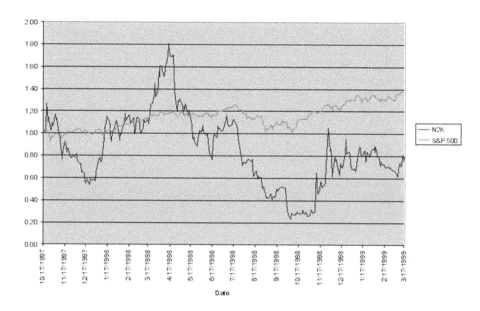

(Fonte: Filson, D. (2004). The impact of e-commerce strategies on firm value: lessons from Amazon. com and its early competitors. The Journal of Business).

Inizialmente, Amazon ha seguito una strategia specialista, vendendo solamente libri online, ma con il tempo si è evoluta adottando una strategia generalista aggiungendo diversi prodotti tra cui elettronica, prodotti per la salute e la bellezza, prodotti casalinghi, utensili da cucina, musica, strumenti, giocattoli, video e numerosi servizi come aste.

"Amazon adesso si è espanso a livello nazionale e a livello internazionale e ora gestisce diversi centri di assistenza clienti e distribuzione negli Stati Uniti e siti Web internazionali che servono clienti in tutto il mondo". (Filson, D. 2004 pp 6).

Secondo i recenti dati del settore, Amazon è il principale rivenditore online negli Stati Uniti con quasi 280,5 miliardi di dollari USA relativi alle vendite nette del 2019 e la maggior parte dei ricavi dell'azienda sono generati dalle vendite al dettaglio di prodotti elettronici seguite da entrate di venditori terzi e servizi di abbonamento.

Il rivenditore online non solo ha il primato in termini di vendita al dettaglio di desktop, ma ha anche intrapreso il commercio tramite mobile.

Amazon Mobile è una delle app di vendita al dettaglio più popolari negli Stati Uniti ed è anche il secondo canale di acquisto più popolare tra gli acquirenti Amazon negli Stati Uniti.

Amazon offre anche il servizio Prime, un abbonamento che si paga annualmente che offre la spedizione gratuita in soli due giorni negli Stati Uniti e tariffe scontate di spedizione in un solo giorno, che gli utenti attuali considerano uno dei motivi principali per l'abbonamento a questo tipo di servizio. Il servizio Amazon Prime successivamente è stato reso disponibile ad altri paesi e si è anche espanso per offrire lo streaming istantaneo di film e programmi televisivi selezionati attraverso Amazon Prime video e musica.

Secondo un sondaggio sulle famiglie con abbonamento Prime, Amazon Prime Video era il servizio digitale a valore aggiunto più popolare, seguito da noleggi di musica e e-book.

"La spesa media annua di acquisti Amazon dei membri di Amazon Prime è intorno ai 1.400 dollari USA sulla piattaforma di shopping online ogni anno, rispetto a 600 dollari statunitensi di utenti non Prime". (Amazon - Statistics & Facts, Published by J. Clement, 2020 pp. 1)

A partire dalla fine del 2014, Amazon ha anche fatto progressi nell'elettronica mettendo in commercio il suo altoparlante intelligente chiamato Amazon Echo, che a sua volta si collega al servizio di assistente personale a comando vocale Alexa.

Amazon Echo e il dispositivo Echo Dot più piccolo erano i leader del mercato degli altoparlanti intelligenti negli Stati Uniti. (Amazon - Statistics & Facts, 2020)

La statistica rappresentata dal grafico in figura 8. mostra la crescita del fatturato netto di Amazon dal 2004 al 2019, in miliardi di dollari USA.

Figura 8. Fatturato di Amazon dal 2004 al 2019

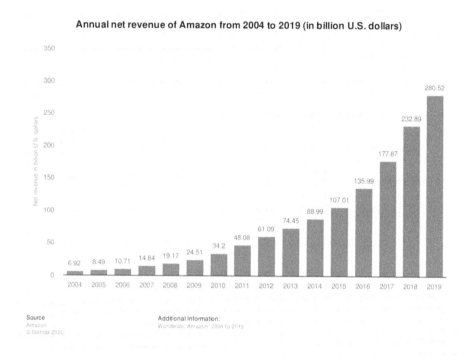

Fonte: Statista.com

Nell'ultimo anno riportato, i ricavi netti della multinazionale e-commerce sono stati di 280,5 miliardi di dollari USA, rispetto ai 177,87 miliardi di dollari del 2017 e a partire dal 2019, il valore del marchio Amazon ammonta a circa 315 miliardi di dollari statunitensi, superando aziende come Walmart, Ikea e concorrenti digitali Alibaba ed eBay.

Una delle prime incursioni di Amazon nel mondo dell'hardware è stata il suo e-reader Kindle, uno dei lettori di e-book più famosi in tutto il mondo.

Negli ultimi anni, Amazon ha iniziato a vendere anche smartphone, tablet e stick multimediali con il proprio marchio Fire per aumentare il consumo di media digitali attraverso questi dispositivi.

Questa strategia infatti è connessa all'ecosistema digitale Amazon che presenta contenuti audio e video come servizi a valore aggiunto per gli abbonati Prime in modo da creare un circolo virtuoso e di conseguenza aumentare le vendite costantemente.

"Al suo fondatore Jeff Bezos piace dire che Amazon compete in mercati vasti, in cui c'è spazio per molti vincitori. Forse è vero ma è anche evidente che Amazon ha contribuito a danneggiare competitor grandi e piccoli, brand un tempo noti in tutto il mondo: Circuit City, Borders, Best Buy, Barnes & Noble". (B. Stone 2017 pp. 5)

Grazie alla sua posizione, Amazon offre più servizi in Nord America che in tutto il mondo di conseguenza, la maggior parte dei ricavi netti della società nel 2019 è stata effettivamente conseguita negli Stati Uniti e in Canada.

"Nel 2019, circa 170,77 miliardi di dollari statunitensi sono stati guadagnati in Nord America rispetto a solo circa 74,7 miliardi di dollari a livello internazionale".

"Durante il quarto trimestre del 2019, Amazon ha generato un fatturato netto totale di quasi 87,44 miliardi di dollari statunitensi, in aumento rispetto ai 69,98 miliardi di dollari statunitensi del trimestre precedente. La maggior parte dei ricavi di Amazon derivava dalle vendite nette di prodotti". (Amazon: quarterly net revenue 2007-2019 Published by J. Clement, Jan 31, 2020 pp. 1)

2.4 I principali competitor internazionali di Amazon

I primi concorrenti online di Amazon.com erano principalmente altri rivenditori su Internet di libri e musica come per esempio il brand BarnesandNoble.com che è stato il principale concorrente di Amazon.com in vendita al dettaglio di libri online.

Adesso Amazon, nel settore e-commerce, avendo esteso il proprio portafoglio prodotti deve fronteggiare nuovi competitor internazionali tra cui Alibaba, eBay e PayPal.

Alibaba Group Holding Limited è il principale fornitore di servizi tramite e-commerce in Cina. È stato lanciato nel 1999 come portale di e-commerce B2B autonomo e ora è il principale fornitore di e-commerce in Asia poiché il suo mercato online C2C Taobao, e la piattaforma di vendita al dettaglio online B2C Tmall, sono anche i leader di mercato nei rispettivi segmenti.

"Nell'anno fiscale conclusosi il 31 marzo 2018, le entrate annuali del Gruppo Alibaba sono ammontate a circa 250,3 miliardi di yuan (circa 37,3 miliardi di dollari USA) con un reddito netto di 61,4 miliardi di yuan (circa 9,16 miliardi di dollari USA) e la maggior parte dei ricavi del gruppo sono generati attraverso le sue varie iniziative e-commerce in Cina che rappresenta circa il 71% delle entrate di Alibaba". (Alibaba Group, Published by Statista Research Department, 2019 pp. 1)

Il crescente utilizzo di Internet mobile ha aperto le possibilità di shopping online tramite mobile sia per i consumatori che per i rivenditori online.

Infatti Alibaba ha visto una rapida crescita dell'utilizzo del mobile per lo shopping online con un numero di utenti mensili attivi tramite mobile che hanno raggiunto i 666 milioni a partire dal terzo trimestre del 2018, rispetto ai 549 milioni dello stesso periodo dell'anno precedente. (Alibaba Group, 2019)

Il grafico in figura 9. mostra i ricavi annuali del Gruppo Alibaba dal 2010 al 2019.

Figura 9. Ricavi annuali del Gruppo Alibaba dal 2010 al 2019.

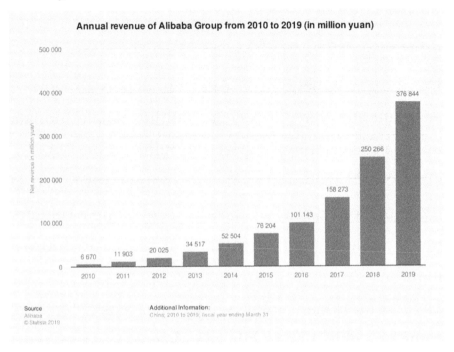

Fonte: Statista.com

"Nell'anno fiscale conclusosi il 31 marzo 2019, la società cinese di e-commerce Alibaba ha registrato ricavi di 376,8 miliardi di yuan (equivalente a circa 54,5 miliardi di dollari USA)". (Alibaba's revenue 2010-2019 Published by Agne Blazyte, 2019 pp.1)

Il suo modello di business si basa principalmente su servizi di marketing online e su commissioni sulle transazioni dei negozi. (Alibaba's revenue 2010-2019, 2019,)

Un altro competitor di Amazon degno di nota è sicuramente eBay, la società multinazionale fondata nel 1995 che fornisce servizi di vendita online C2C.

eBay è una piattaforma di aste online attraverso la quale persone e aziende possono acquistare e vendere una grande varietà di prodotti e servizi in tutto il mondo.

La multinazionale eBay si classifica costantemente come una delle più grandi aziende online statunitensi in base alla sua quota di mercato.

"Nel 2019, le entrate dell'azienda sono state pari a 10,8 miliardi di dollari USA, la maggior parte delle quali sono state generate attraverso transazioni sui mercati, seguite dalle vendite di biglietti online tramite StubHub e dai servizi di marketing e sempre nello stesso anno la piattaforma ha anche registrato un reddito netto di oltre 2,5 miliardi di dollari USA e la maggior parte dei ricavi provengono dagli Stati Uniti".

"A partire dal quarto trimestre del 2019, eBay ha raggiunto oltre 183 milioni di acquirenti attivi nelle sue varie proprietà ed è anche una delle piattaforme di shopping più visitate negli Stati Uniti, superando 109 milioni di visite mensili a dicembre 2018". (eBay - Statistics & Facts Published by J. Clement, 2020 pp. 1)

Il grafico in figura 10. mostra i ricavi annuali di eBay dal 2013 al 2019.

Figura 10. Ricavi annuali di eBay dal 2013 al 2019.

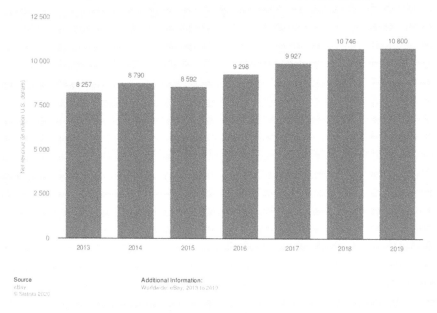

Amazon e eBay sono diretti concorrenti nel panorama dello shopping online degli Stati Uniti.

"Nel 2019, Amazon ha registrato una crescita del fatturato netto del 20% su base annua, mentre il fatturato di eBay su base annua è aumentato solo dell'1%", questo perché Amazon ha allargato il proprio raggio d'azione penetrando in nuovi mercati e investendo in nuove tecnologie, mentre la crescita di eBay si è ridotta a causa della separazione dal fornitore di pagamenti PayPal (Year-over-year revenue growth of Amazon and eBay 2006-2019 Published by J. Clement, 2020)

Fino a settembre 2014, eBay era anche la società madre del fornitore di pagamenti PayPal che nel 2015 si è separato per diventare una società indipendente, il che ha avuto un grande impatto sulle entrate complessive di eBay.

Con 305 milioni di account utente registrati attivi, PayPal è uno dei maggiori fornitori di pagamenti digitali in tutto il mondo, anche tramite mobile.

Occorre ricordare anche che il metodo di pagamento tramite PayPal è molto popolare per gli acquisti digitali su siti sopracitati come eBay ad Amazon.

"A dicembre 2018, il 36% dei rivenditori nordamericani stava già accettando i pagamenti dei clienti tramite PayPal e il 34% intende farlo entro i prossimi due anni". (PayPal: annual revenue 2010-2019 Published by J. Clement pp. 1)

PayPal è particolarmente utile per i pagamenti internazionali per gli acquisti online in quanto non tutti gli utenti hanno accesso a una carta di credito e a volte i metodi di pagamento locali offerti dai venditori online possono differire in base alle zone geografiche.

"Nel 2018, il 19% del volume dei pagamenti di PayPal è stato generato attraverso transazioni transfrontaliere ma tuttavia, la popolarità e la semplicità di PayPal, lo rende un obiettivo primario per truffe e frodi online". (PayPal: annual revenue 2010-2019 Published by J. Clement, 2020 pp. 1)

Il grafico in figura 11. mostra i ricavi annuali di PayPal dal 2012 al 2019.

Figura 11. Ricavi annuali di PayPal dal 2012 al 2019.

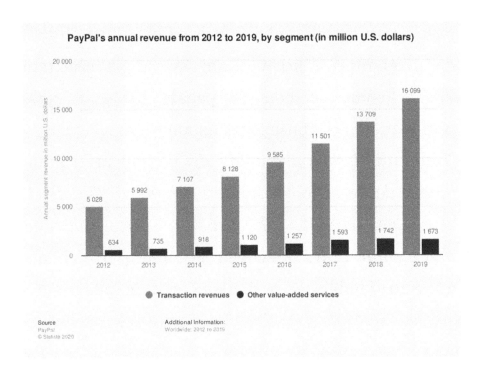

Nel 2018, le entrate annuali di PayPal sono ammontate a circa 17 miliardi di dollari USA, rispetto ai 15 miliardi dell'anno precedente.

La maggior parte delle entrate del fornitore di servizi di pagamento digitale sono state le entrate di transazione, che sono state pari a 13,7 miliardi di dollari USA nel 2018 e 16 miliardi di dollari USA nel 2019.

Di recente, anche i rivenditori al dettaglio hanno iniziato ad accettare PayPal come metodo di pagamento mobile, infatti, a dicembre 2018, il 36% dei rivenditori nordamericani aveva già accettato PayPal come metodo di pagamento e il 34% prevedeva di accettarlo entro un anno.

"Nel 2018, il volume annuale dei pagamenti tramite mobile del servizio è stato di 227 miliardi di dollari, con una crescita del 46% rispetto all'anno precedente". (PayPal: active registered user accounts 2010-2019 Published by J. Clement, 2020 pp. 1

CAPITOLO 3. LA CRESCITA DELL'E-COMMERCE NEL 2020

Come tutti sappiamo benissimo nel 2020 tutto il mondo è stato vittima della pandemia mondiale.

Tutti gli avvenimenti più recenti con le vicissitudini ad essi annesse hanno portato non soltanto tantissimi decessi al livello mondiale, ma anche una grave crisi economica che ha immobilizzato il mondo intero per vari mesi.

Gli eventi ai quali abbiamo assistito hanno cambiato profondamente il tessuto sociale ed economico di moltissimi paesi.

La pandemia ha causato una grave crisi, travolto aziende e cancellato posti di lavoro.

Ma ci sono settori che hanno ricevuto una spinta alla crescita: biotech, ecommerce, piattaforme di collaboration, delivery.

Abbiamo assistito all'aumento dello smart working e soprattutto ad una crescita dell'utilizzo della tecnologia in moltissimi paesi che ancora non si erano adeguati ai cambiamenti vefificatosi negli anni precedenti.

Nei capitoli iniziali di questo libro mi sono soffermato volutamente sulla storia dell'e-commerce e sulla crescita che ha avuto nei primi anni del 2000 fino ad arrivare ai giorni nostri per evidenziare che questa crescita già è avvenuta negli anni precedenti alla pandemia che tutto il mondo sta affrontando.

La crescita dell'e-commerce è avvenuta spontaneamente negli ultimi anni e ha avuto una netta accelerazione proprio nel 2020.

Nel 2020 sempre più la domanda dei consumatori si è spostata online.

Si tratta di un cambiamento irreversibile, che resterà anche dopo la fine dell'emergenza sanitaria.

Da marzo 2020 infatti secondo i dati dell'Osservatorio del Politecnico di Milano I dati dell'Osservatorio B2c del Politecnico di Milano la penetrazione sul totale retail sale dal 6% all'8%.

I comparti emergenti: food&grocery +56%, arredamento e home living +30%.

Informatica ed elettronica di consumo +18%, abbigliamento +21% e editoria +16%

Inoltre negli ultimi mesi abbiamo assistito sempre di più alla crescita dei colossi del web.

Da Tesla a Zoom, da Amazon a Google, da Tencent a Ups, da Apple a Microsoft e tantissime altre che già operavano online.

Visti gli andamenti degli ultimi anni prevedevo che tutte le aziende tecnologiche sarebbero cresciute sempre di più rispetto a quelle tradizionali.

Questo è un segno che allora tutti gli imprenditori del mondo non devono sottovalutare.

Non si può pensare di continuare a fare business e vendere prodotti e servizi allo stesso modo di 50 anni fa.

A mio avviso ogni azienda dovrebbe differenziarsi al suo interno per sviluppare delle componenti tecnologiche che le permettano di entrare nel mercato online.

Ovviamente per le aziende più tradizionalio occorre essere presenti anche offline ma credo sia bene trovare il giusto bilanciamento tra i due aspetti per essere pronti a competere su entrambi i fronti.

Ciò che le aziende dovrebbero fare è investire in indagini di mercato accurate per capire realmente i bisogni e i comportamenti di acquisto dei consumatori.

Solo in questo modo si potra capire dove investire per soddisfare i nuovi bisogno di questa nuova era digitale.

Conclusioni

L'obiettivo di questo libro è quello di offrire una panoramica generale sull'evoluzione dell'e-commerce sia al livello mondiale che al livello italiano, in modo da comprendere le opportunità e i cambiamenti che stanno modificando l'attuale economia.

Il commercio elettronico oggi è un settore di rilevante importanza perché ha favorito la nascita di tantissime nuove startup e ha contribuito a delineare nuovi comportamenti d'acquisto.

Questo nuovo modello di commercio ha offerto notevoli vantaggi per i consumatori che comodamente attraverso il loro computer o smartphone possono selezionare, scegliere e acquistare prodotti e servizi da ogni luogo del mondo. Grazie al web quindi il mercato diventa globale e tramite l'utilizzo dell'e-commerce anche le piccole medie imprese hanno la possibilità di servire un pubblico più ampio.

Il caso Amazon, è un esempio vincente che dimostra come internet abbia agevolato la scalata verso il successo di molte nuove imprese, lasciando indietro tutti i concorrenti restii all'utilizzo delle nuove tecnologie.

Bibliografia

Filson, D. 2004, *The impact of e-commerce strategies on firm value: lessons from Amazon. com and its early competitors. The Journal of Business*, 77(S2), S135-S154

Giuffrida M., Mangiaracina R., Marvasi E. e Tajoli L. 2018, *Rapporto esportazioni e e-commerce delle imprese italiane, analisi e prospettive* – Ministero dello sviluppo economico, Italian Trade Agency, ICE, Politecnico di Milano, Osservatori.net

Ghislandi R. 2012, *Il manuale dell'e-commerce*, Apogeo

Goy, A., Ardissono, L., & Petrone, G. 2007. *Personalization in e-commerce applications. In The adaptive web* (pp. 485-520). Springer, Berlin, Heidelberg

Kim, Y. A., & Srivastava, J. 2007, *Impact of social influence in e-commerce decision making. In Proceedings of the ninth international conference on Electronic commerce* (pp. 293-302).

Laudon, K. C., & Traver, C. G. 2016, *E-commerce: business, technology, society*

Marchi M., Miola K. 2016, *E-commerce per le PMI: come vendere online*, Camera di Commercio Livorno

Marinello, V., & Cavataio, 2016, *M. Made in Italy, commercio elettronico e scelte dei policy-maker. Quali opportunità per imprese e consumatori? Rivista trimestrale di scienza dell'amministrazione studi di teoria e ricerca sociale*

Migliorati L., Falappa E. 2017, *E-commerce for dummies*, Hoepli

Richard L. Daft 2017, *Organizzazione Aziendale* Apogeo - Maggioli Editore

Stone B. 2018, *Vendere Tutto – Jeff Bezos e l'era di Amazon* Hoepli pp. 5

Vietri D. e Cappellotto G. 2015, *e-Commerce 2015, La guida definitiva* ed. Hoepli

Sitografia

Alibaba Group, Published by Statista Research Department, 2019 www.statista.com

Alibaba's revenue 2010-2019 Published by Agne Blazyte, 2019, www.statista.com

Amazon: quarterly net revenue 2007-2019 Published by J. Clement, 2020 www.statista.com

Amazon - Statistics & Facts - Published by J. Clement, 2020 www.statista.com

Annual net sales of Amazon 2004-2019 Published by J. Clement, 2020 www.statista.com

eBay - Statistics & Facts Published by J. Clement, 2020 www.statista.com

Global number of digital buyers 2014-2021 Published by J. Clement, 2019 www.statista.com

Most popular online stores in Italy in 2018, by e-commerce net sales Published by Gerard Montasell, 2019 www.statista.com

PayPal: annual revenue 2010-2019 Published by J. Clement, 2020 www.statista.com

PayPal: active registered user accounts 2010-2019 Published by J. Clement, 2020 www.statista.com

Retail trade in Europe – Statistics and facts, published by Statista Research Department, 2019 www.statista.com

Worldwide e-commerce share of retail sales 2015-2023 Published by J. Clement, 2019 www.statista.com

Year-over-year revenue growth of Amazon and eBay 2006-2019 Published by J. Clement, 2020 www.statista.com

Lightning Source UK Ltd.
Milton Keynes UK
UKHW021832040621
384966UK00002B/501